The Hawaiian Damselfly

Pinapinao

The Hawaiian Damselfly - *Pinapinao*

Animals of Hawaii – Book 23

Copyright © 2020 by Laurie Waite Flores

Printed in the United States of America

What is the Hawaiian Damselfly?

He aha ia mea he pinapinao?

The Hawaiian damselfly is one of 23 endemic damselfly species found in the Hawaiian Islands.

ʻO ka pinapinao maoli kekahi o 23 mau pinapinao ʻāpaʻakuma e loaʻa ana ma ka pae ʻāina o Hawaiʻi nei.

In 2010, six of these flying insect species were officially listed as endangered animals.

I ka makahiki 2010, he ʻeono o ia ʻano ʻiniseka i helu ʻia ma ka papa kūhelu o nā holoholona ʻane halapohe.

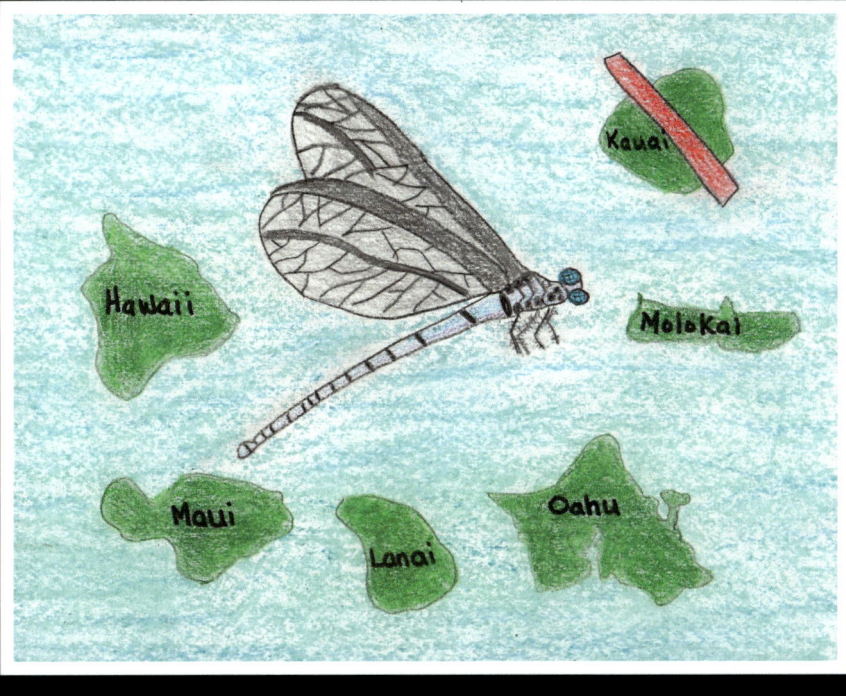

There are 4 main species: The Ocean Damselfly and the Blackline Damselfly are found only on Oahu. The Flying Earwig Damselfly is only found on Maui, and the Upland Damselfly is found on all islands except Kauai.

He ʻehā o nā lāhui nui: ʻO ka pinapinao kai ʻoe, a me ka pinapinao laina ʻeleʻele ʻoe, ma Oʻahu wale nō e loaʻa ai. ʻO ka pinapinao lō ʻoe, ma Maui wale nō e loaʻa ai. ʻO ka pinapinao o uka nō hoʻi ʻoe, ma nā mokupuni a pau, koe naʻe ma Kauaʻi, e loaʻa ai.

What does the Hawaiian Damselfly look like?

Pehea ke ʻano o ka pinapinao ke nānā aku?

Male damselflies can be reddish-orange with blue and black markings, while females are pale brownish - green.

'Ano 'ula'ula-'alani me nā kaha uliuli ka pinapinao kāne, a 'ano māku'e-'ōma'oma'o ka wahine.

Males have a colorful grabber on the end of their long, thin, stick-like abdomens.

He lima loa kauluwela ko nā kāne ma ka wēlau o ke keʻahakahaka lōʻihi.

These insects have 3 body parts: the head, the thorax and the abdomen. They have 3 pairs of jointed legs that are attached to the middle section, called the thorax.

He 3 mau mahele kino ko kēia ‘iniseka: ‘o ke po‘o ‘oe, ‘o ka paukū kino, a me ke ke‘ahakahaka ho‘i. He 3 ona mau pa‘a wāwae i hui ‘ia ma ka waena o ke kino, i kapa ‘ia ‘o paukū kino.

These insects have 2 transparent wings
that fold along their backs while resting.

'Elua 'eheu a'ia'i o ua 'iniseka lā e pelu ana
ma kona kua i kona kau 'ana.

The nymphs of these insects have three flattened, leaf-like gills at the tip of their abdomen.

'Ekolu ona maha pālahalaha pānai kohu lau ke nānā aku.

The bodies of these insects can reach up to 2 inches in length.

Ma kahi o 2 ʻīniha ka lōʻihi loa o ua mau ʻiniseka lā.

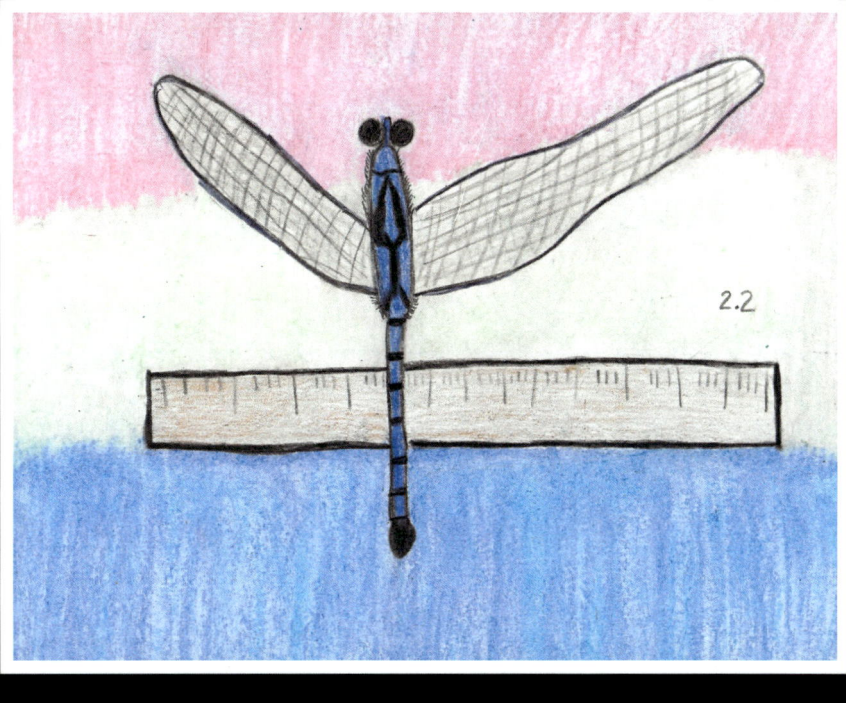

They have a wingspan of up to 2.2 inches.

Ma kahi o 2.2 ʻīniha ka nui loa o ke anana ʻēheu.

The Blackline Hawaiian Damselfly is called "pinapinao ānuenue" because of their beautiful, large, round, rainbow colored eyes. Each eye has 30,000 lenses.

Kapa ʻia ka Blackline Damselfly he "pinapinao ānuenue" ma muli o kona maka nui poepoe ānuenue kēu a ka nani. He 30,000 mau aniani kaulona o kona mau maka pākahi.

How does the Hawaiian Damselfly travel?

Pehea e holo ai ka pinapinao?

Adult damselflies can fly through the air with their strong wings.

Hiki i ka pinapinao makua ke lele i ka lewa ma muli o nā ʻeheu ikaika.

They can also crawl on rocks and plants with their six tiny, fragile legs.

Hiki nō ke kolo ma nā pōhaku a me nā mea kanu ma o nā wāwae ʻeono ʻuʻuku a lahilahi.

Naiad nymphs swim in fresh-water streams using the three gill-like paddles at the end of their abdomen.

Holo nā lohaloha ma ke kahawai ma o nā paha ma ka wēlau o ke keʻahakahaka.

What does the Hawaiian Damselfly eat?

He aha kā ka pinapinao e ʻai ai?

The naiad nymphs eat small aquatic insects and tadpoles.

ʻO nā holoholona wai iwi kuamoʻo ʻole a me nā polewao kā ka lohaloha e ʻai ai.

They also eat small fish.

ʻO ka iʻa ʻuʻuku kekahi āna e ʻai ai.

Adults prey on other flying insects like
midge flies, moths and mosquitos.

*Poʻiiʻa ka pinapinao makua i nā ʻiniseka e
laʻa me nā nalo wiʻu, nā ʻōpūlauoho,*

What is the habitat of the
Hawaiian Damselfly?

*Pehea ke ʻano o ke kaianoho
o ka pinapinao?*

They can be found in coastal wetland areas and near stream beds.

Loaʻa lākou ma nā ʻāina wai pili kai a me nā papakū kahawai.

The windward Koʻolau Mountains support the greatest number of damselfly species.

Aia ka nui o nā pinapinao ma uka o nā Koʻolau.

They have also been observed living near brackish- water anchialine ponds.

ʻIke ʻia lākou ma kahi o nā loko wai hapa kai.

What are the predators of the Hawaiian Damselfly?

He aha ka poʻiiʻa o ka pinapinao?

Bullfrogs and tadpoles hunt and eat the Damselfly and the naiads near the water edges.

'O ka poloka pulu a me nā polewao ke po'ii'a aku i nā pinapinao a me nā lohaloha.

Molting naiads are vulnerable to invasive ants.

Hiki ke loaʻa nā lohaloha e māunu ana i nā naonao.

Non-native fresh water fish also prey on these insects.

He poʻiʻa nā iʻa malihini e noho ma ka wai i ua mau ʻiniseka lā.

Interesting facts about the Hawaiian Damselfly:

No ka ʻikepili hoihoi no ka pinapinao:

The Hawaiian name for these small
animals is Pinapinao.

He pinapinao ia ʻelala ma ka ʻōlelo Hawaiʻi.

When the damselfly is disturbed, it hides in the forest tree branches that hang over streams. If it is captured by a predator, it pretends to be dead.

Ke pilikia ka pinapinao, pe'e 'o ia i nā lālā o nā kumu lā'au e kau ana i luna o ke kahawai. Ke loa'a lākou i nā o'ii'a, ho'omeamea, make.

These insects are closely related to dragonflies, but they both have very different body structures. Damselflies have very long, slim, delicate bodies while dragonflies have short, thick bodies.

He ʻohana ka pinapinao no ka pinao, akā ʻokoʻa loa ke kino. He kino loloa, wīwī, a lahilahi ko ka pinapinao. Pōkole a mānoa ke kino o ka pinao.

Damselflies also have a separation between their eyes, while dragonfly eyes are close together.

He kōā hoʻi ma waena o nā maka pinapinao, a pili pū nā maka o ka pinao.

They breed in stream rapids, pools of water and on waterfall faces.

Ma nā kahawai hāloʻaloʻa a ma nā kiʻowai, a ma nā alo pali o ka wailele e pili ai nā pinapinao no ka hoʻopiʻi ʻana.

They lay their eggs in the tissues of aquatic plants , and in stream ponds.

Hānau ʻia nā hua ma nā aʻaʻa o nā mea kanu wai, a me nā kiʻowai.

This insect begins life as an egg, then turns into a naiad nymph or larvae.

Ma kīnohi o ka pōʻaiaapuni ola, he hua, a laila lilo i lohelohe.

Naiads may take up to 4 months to mature, and they climb out of the water onto wet rocks or moist vegetation.

Ma kahi o 4 mahina, a ʻemi mai paha, e oʻo ai ka lohelohe, a laila, piʻi ʻo ia i luna o ka pōhaku pāheʻe a i ʻole ka nāhelehele pulu,

Once they are out of the water, they begin to molt and their skin splits open and their wings unfold. Then they must wait for their skeleton to harden and wings to dry.

I ka puka ʻana i ka wai, hoʻomaka ka māunu ʻana. Nahā ka ʻili a lole nā ʻeheu. Ma hope mai, kali a paʻa nā ʻiwi a māloʻo nā ʻeheu.

Scientists have been collecting eggs from endangered damselflies and then hatching them in a facility in Kailua. When the naiad nymphs hatch, they are released back into streams and ponds.

Hōʻiliʻili ʻia nā hua a ka pinapinao, a laila mālama ʻia ma kekahi wahi ma Kailua. Ke mākaukau nā lohelohe e puka, hoʻokuʻu ʻia akula ma ke kahawai.

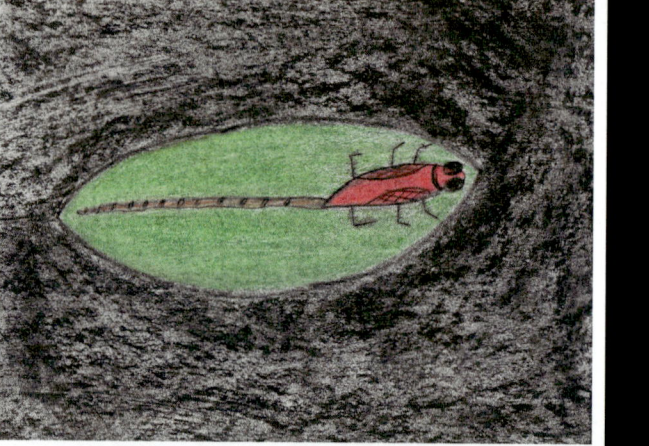

They are endangered because of a loss of habitat due to farming and urban development, and changes to streams and rivers.

‘Ane halapohe ka pinapinao i ke kūkulu ‘ia ‘ana aku o nā kiwikā a me ka mahi‘ai ‘ana e loli ana nā kahawai e noho ai ‘o ia.

It is also endangered because of the invasive plants such as California grass that surround their habitats.

Eia kekahi, ʻane halapohe i ka nāhelehele malihini ʻino, e laʻa me ka mauʻu Kaleponi e puni ai ke kaianoho.

Invasive predators like ants, bullfrogs, crayfish, carp, backswimmer bugs, guppies and other fresh water fish eat the eggs and larvae.

'Ai 'ia nā hua a me nā lohelohe pinapinao e nā po'ii'a, e la'a me nā naonao, nā poloka pulu, nā 'ōpae Pākē, nā i'a kapi, nā i'a 'ula'ula uli, a me nā i'a 'ē a'e.

It is important to save the beautiful Hawaiian Damselfly because if we do not protect this animal now, we will not be able to see it in the future, and when it is gone, the other living organisms in its ecosystem and food chain will be out of balance.

He mea nui ka mālama ʻana i nā Pinapinao nani no ka mea inā ʻaʻole kākou e mālama iā ia i kēia manawa, ʻaʻole kākou e ʻike hou iā ia ma kēia mua aku. Ke make loa ʻo ia, ʻaʻohe lōkahi o ke kuʻina mea ʻai o nā mea ola ma ke kaiaola.

Would you like to be a Hawaiian Damselfly?

Hoihoi anei ʻoe e lilo i pinapinao?

I would like to be a Hawaiian Damselfly because it has beautiful eyes that can see very well with its 30,000 lenses.

'Ae, hoihoi nō au i ka lilo 'ana i pinapinao ma muli o kona maka nani e 'ike pono ai me nā maka aniani he 30,000.

I would not like to be a Hawaiian Damselfly because it has so many predators that are always trying to eat it.

'A'ole hoihoi au e lilo i pinapinao ma muli o nā po'ii'a he nui e 'ai 'ia ai 'o ia.

If the Hawaiian Damselfly
had a voice what
would it tell humans?

Inā he leo ko ka pinapinao,
he kāna e haʻi mai ai
i nā kānaka?

"Please remove non-native fish from my habitat."

 E ʻoluʻolu, e hoʻopau i nā iʻa malihini ma koʻu kaianoho.

"Please don't chase me and catch me with insect nets."

E ʻoluʻolu, mai nō a hāhai a hopu iaʻu ma ka ʻupena ʻelala.

Written and Ilustrated by:

A'ala Kapua Kaiahua-Fleming

Alana Kamauoha

Ammon Cheney

Bethany Nihipali

Blazyn Nunuha

Braelynn Haiola

Darius Vaiaoga

De'nelle Bush

Ekela Souza

Eleah Faumuina

Frankie Smith

Ginger Moore

Jasper Moses-Khoii

Jaxon Hunt

Joseph Whitford

Joshua Gouveia

Kamalei Rodriguez

Kamali Wong

Kanile'a Wond

Kapeliele Taupaki

Kauluwehi Kahuhu

Kawena Bryant

Kaydence Wooten

Keale Farpapau

Kevin Wa'a

Laurie Flores

Lei Erickson

Lihana Taale

Lila Waite

Lilia Sproat

Luahiwa Cravens

Luisa Lapale

Maiha Flores

Maika Flores

Ma'ila Mariteragi

Maria Palmer

Nakolo Fermantez

Pakalana Kaniho

Paul Horcajo

Pueo Seely-Sullivan

Sakae Reyes

Sammy Taeu

Sapphire Alo

Stella Van der Linde

Taha'ea Casey

Tainari'i Pescaia-Tangaro

Tavita Sila

Te Malama Alatasi

Translated by: Kumu Leialoha Cambonga

Animals of Hawaii